Contenido

Agradecimientos:

A Liván, a Lidier, a mi papá, a mi mamá, a Papá Dios. Todos ellos, algunos más que otros, pasiva o activamente, contribuyeron a las experiencias y el conocimiento que comparto aquí.

A Eli, por sus consejos y la edición de este material.

Gracias.

Resumen

¿Cómo empezar tu negocio? Es un sencillo libro de cuatro capítulos que combina la sabiduría práctica con lo espiritual, a fin de guiar al lector hacia el éxito y la prosperidad en la empresa o negocio que pretende iniciar.

Alejándose de misticismos y fábulas artificiales, el autor toma a Dios y a su sabiduría como punto de origen o fundamento sobre el cual debemos edificar nuestro futuro individual y específico para tener éxito.

Con un propósito didáctico, el autor añade a cada capítulo ejercicios prácticos sencillos que pueden ayudar al lector a comprender los principios expuestos en este libro.

Introducción

Estamos en una época de gran iniciativa, por doquier se levantan negocios de todo tipo, peluquería, dulcería, parqueador, vendedor de ropas, tapicero, contratista privado, tenedor de libros, auditor, instalación y reparación de alarmas, mecánico, técnico de refrigeración, el número de negocios posibles es increíble, y las variaciones dentro de ellos son incontables.

El éxito de algunos de estos negocios nos deslumbra, pero también nos atemoriza el fracaso de otros.

¿Vale la pena correr el riesgo? ¿Vale la pena invertir el poco dinero que tenemos en algo que puede fracasar? Muchas veces, ni siquiera sabemos cómo dar el primer paso.

El siguiente material te da algunos consejos básicos para evitar algunos tropiezos. Desde una perspectiva cristiana piadosa, utilizo sabiduría popular y divina para guiarte en tus primeros pasos.

Este material está pensado para ayudar y orientar a creyentes en Cristo, sin embargo, puede servir para personas no cristianas, que apliquen los principios universales que aquí vemos y que hemos extraído de la Biblia y de nuestra experiencia mientras peregrinábamos a la sombra de Dios.

I: Perfil Laboral

Antes de comenzar deberás definir en qué área vas a desarrollar tu negocio. Este es un paso importante, pues con él te ahorrarás muchos contratiempos en el futuro, aquí vamos a analizar tres elementos:

- Habilidad potencial o vocación,
- Nicho de mercado,
- e Inversión inicial.

Un proverbio del mundo de los negocios afirma que las tres claves del éxito de tu empresa están definidas por las tres "U": Ubicación, Ubicación, Ubicación. Probablemente este sea el elemento más importante en que humanamente puedes mejorar tus probabilidades de éxito, por tanto, debes esforzarte en este sentido. Dónde vas a UBICAR tus esfuerzos, qué habilidad, qué producto, y qué lugar.

Te recomiendo que realices este paso a consciencia si quieres ahorrarte disgustos, pérdidas de dinero, contratiempos, y frustraciones en el futuro.

Habilidad Potencial o Vocación

Nacido en la pobreza con un maravilloso don para los espectáculos. Por sus maravillosas habilidades, Phineas Barnum devino millonario y se hizo famoso como creador del "Mayor Espectáculo del Mundo".

Sin embargo, como su único objetivo era "llenar sus bolsillos", a pesar de sus grandes logros, hoy es recordado también como una persona "carente de escrúpulos", quien pasara "gran parte de su vida entrando y saliendo de los juzgados debido a los múltiples engaños de los que fue responsable".

Su vida, sin Dios, fue de un fracaso a otro, a pesar del éxito, los aplausos, el dinero, e incluso la política.

Barnum es un buen ejemplo de que somos indignos de una confianza ciega, incluso con la mejor capacidad y habilidad del mundo, podemos echar a perder nuestras vidas. Mientras tanto, La Biblia dice: "Confía en el SEÑOR con todo tu corazón, y no te apoyes en tu propio entendimiento. Reconócele en todos tus caminos, y El enderezará tus sendas" (Proverbios 3:5-6).

Cada persona nace con diversidad de dones innatos, no todos tenemos los mismos dones, ni siquiera los que tenemos los mismos dones los tenemos en la misma cantidad, intensidad, y con el mismo enfoque.

El arte, los números, las letras, los idiomas, la organización, el diseño, el análisis algorítmico, el análisis psicológico, el trabajo con niños, la musicalidad, la danza, la administración, las manualidades y muchos más son ejemplos de algunos de los dones o habilidades innatas que Dios ha puesto en cada uno de nosotros. Ciertamente podemos mejorar cada mediante la superación práctica o teoría, pero nada podremos hacer sin el don básico que las sustenta en nosotros. Esos dones, al unirse con nuestra personalidad y experiencias de la vida, nos hacen únicos, especiales, individuales, e irrepetibles. Y esa unión hará que nuestra vocación laboral se manifieste con matices únicos.

Al elegir el negocio en que quieres invertir tu futuro, observarás tus propios dones innatos y los matices que tienen, analizarás qué te hace único a ti y a tu don, qué te hace irrepetible. Entonces descubrirás que pocos pueden agregarle la sazón a la sopa como lo haces tú, que pocos pueden ver la belleza del cabello como tú, que pocos hacen tanto énfasis en el detalle de una pared al repellarla, pocos están dispuestos a pelear por una pieza electrónica desechada hasta repararla..., tu unicidad te hará necesario para los demás, te hará imprescindible para la comunidad, te convertirá en una experiencia única para los clientes.

Historias Reales

Archivald Leach

Durante mucho tiempo, el pequeño Archivald había estado trabajando tras las bambalinas, había sido el responsable de manejar los focos de un popular teatro en su ciudad, y desde ahí podía ver los rostros azorados del público en reacción a las escenificaciones representadas. "Entonces supe", diría años después, él también se dedicaría al teatro y vería el mundo.

A pesar de un terrible fracaso donde fue despedido, y de prometerse a sí mismo "nunca más pisar un teatro", el deseo en él que era demasiado fuerte y Archivald no pudo resistirlo. Bien pronto estaba visitando otros locales de actuación hasta que, un día, ocurrió lo anhelado.

Cuando apenas tenía 14 años, Lomas Pender, un actor de una pequeña compañía ambulante lo invitó a probar suerte. Su biógrafo escribió: "¡Archie estaba loco de alegría! Después de merodear entre bambalinas lo que parecía una eternidad, por fin tendría la oportunidad de actuar"

Así comenzó la carrera de Cary Grant, el nombre por el que le conocería el mundo, uno de los actores más populares de Hollywood. Desde aquel día en adelante, Cary empeñaría todas sus fuerzas y energías en seguir el deseo que había en su corazón, un deseo que concordaba con un don sobresaliente y único de actuación.

De él diría David Thomson, director de Reuters: "Fue el mejor y más importante actor de la historia del cine... La esencia de su talento abarca un campo muy amplio".

Un buen modo de verificar si el anhelo que tenemos se corresponde con un don o habilidad especial que Dios nos ha dado es la evaluación. La evaluación la podemos hacer nosotros mismos, o consultar a un experto en esa área. Quien la haga no es importante, sino nuestra capacidad para leer entre líneas y para ser honestos con nosotros mismos.

Demos Shakarian

Demos Shakarian tuvo una revelación, veía a una multitud de personas adorando juntas a Dios. Dios le había prosperado increíblemente en medio de una crisis ganadera. Había creído a Dios y orado por su ganado antes de sacrificarlo como decían las regulaciones que debía hacer al aparecer los primeros síntomas. Al otro día, cuando revisó, todo su ganado estaba sano. Como consecuencia, ese año vendió más que todos alrededor, cuando otros habían perdido sus ganancias, Demos las multiplicó.

¿Qué haré?, se dijo. Y entonces tuvo la visión. Había llegado su hora, para esto le había preparado Dios toda su vida. Hizo todo lo que tenía que hacer. Si era para Dios había que hacerlo en grande. Alquiló el mayor teatro de su ciudad, coordinó con todas las iglesias alrededor, organizó la logística del evento, consiguió el mejor audio, los mejores músicos, organizó los tiempos a la perfección.

Entonces llegó el día del evento, todo salió de maravilla, los músicos, las luces, el coro, las iglesias, los testimonios, la adoración era celestial, los creyentes adoraban juntos a Dios en unidad y armonía. Tras una breve pausa, alguien le cedió el micrófono, ahora era su turno, debía predicar. Demos observó la multitud, eran miles. Abrió sus labios, y se quedó congelado. Le faltaron las palabras, no sabía qué decir. Durante unos pocos minutos que parecieron una eternidad observó boquiabierto a las iglesias que esperaban por su alocución.

Derrotado, viró la espalda y soltó el micrófono. Con el rabillo del ojo pudo ver que alguien lo tomó y se adelantó para llenar el espacio. Demos se fue arrastrando los pies... avergonzado.

¿Por qué me pasó esto? ¿Acaso no seguí tus instrucciones? ¿Acaso no lo hice todo bien? De rodillas Demos oraba ferviente a Dios y reclamaba una explicación. Entonces vio nuevamente la visión, pero con más detalle, no era él quien hablaba a la multitud, era otra persona. Solo su deseo de protagonismo le había puesto a él en primer lugar. Ahora lo entendía, su labor no era estar al frente, sino organizar el evento, y en eso, ja, en eso nadie lo superaba.

Posteriormente supo que el evento había sido todo un éxito, incluso a pesar de sí mismo. El muchacho que tomó el micrófono había dado una palabra oportuna y precisa de parte de Dios a la comunidad, una palabra que nunca hubieran recibido sin la ayuda de Demos Shakarian.

Mi experiencia personal

Me encanta la música, no sé cómo decirlo, pero disfruto tremendamente todo lo que tiene que ver con la armonía, la melodía, el ritmo. No solo a un nivel físico, también a un nivel espiritual. Cuando joven quedé fascinado por las composiciones de los Beatles, de Beethoven, de Bach. Me fascinaban los blues, el jazz, la nueva trova, Cindo Garay. Tan grande ha sido mi pasión por la música que, en diferentes etapas de mi vida he vuelto a ella para estudiarla y tratar de componer o interpretarla. Estudié nivel elemental en la escuela de Guanabacoa, y también en el preuniversitario con algunos amigos y una guitarra. Eventualmente aprendí solfeo, y cómo tocar el clarinete y luego salté hacia el saxofón alto.

Dediqué innumerables horas y años de esfuerzo a la música hasta que, al fin, lo logré: comprendí que la música no era mi don. Los maestros, los amigos, los instrumentos, todos me lo decían, pero yo no era sincero conmigo mismo. Lo mismo me ocurría con el arte en general. Aunque mi tiempo estudiando música no fue en vano, pues los conocimientos adquiridos me han sido muy útiles en el sendero que Dios ha trazado para mi vida, no puedo negar que perdí una cantidad de energía y tiempo de mi vida que no se correspondían con los beneficios que generaría esa inversión. Agradezco a Dios por enderezar mi vida a pesar de mi testarudez. Con el tiempo, los dones de pedagogía y liderazgo estructurado fueron saliendo poco a poco, tomando forma, moldeándose con mi personalidad, con mis experiencias, con mi hambre de conocimiento y mi pasión por enseñar. Con la ayuda de Dios, hoy reconozco que nunca me siento mejor profesionalmente que cuando enseño y estructuro formas de liderazgo, y vivo feliz haciéndolo y me genera ganancias. Mi pasión por la música fue solo eso, una pasión, una apreciación inmensa, pero nunca una habilidad. Me tomó años comprenderlo y distinguir una de la otra.

El que a buen árbol se arrima...

Mi primera recomendación, entonces es que veas las huellas del Creador en tu vida. Tú puedes tener una idea del propósito para el que fue diseñado un objeto al tomarlo en tus manos y tratar de realizar diferentes labores con él.

Me gusta mucho el filme *Toy Story* de Walt Disney y Pixar. Los juguetes saben para qué fueron creados, conocen su propósito en la vida y saben que solo en ese propósito se sentirán completamente felices. Cada una de las partes se centra en el mismo conflicto. Los juguetes están luchando por sentirse realizados, por ser felices, y esto ocurrirá cuando su niño juegue con ellos.

Claro, para los juguetes es sencillo, pues solo tienen un propósito en la vida, nosotros, los seres humanos, tenemos multitud de propósitos en la vida: la familia, la realización personal general y específica, la satisfacción espiritual, la reproducción, el conocimiento, la diversión, la influencia social, el legado. En cada una de estas áreas de propósito tenemos infinidad de rumbos que escoger, algunos nos llevarán a perder el tiempo, otros nos llevarán a la frustración, otros nos llevarán al fracaso, otros nos llevarán a la infelicidad, y solo uno en cada área, solo uno nos llevará al éxito y a la satisfacción.

Los juguetes de *Toy Story* no encontrarán su satisfacción personal siendo usados como herramientas para el hogar, o siendo exhibidos en hermosos estantes de un museo, o descansando tranquilamente en un cajón bajo la cama. Ellos lo saben, solo serán felices siendo utilizados.

Todos los niños no jugarán de la misma forma con el Señor Cara de Papa, o con *Buzz Lightyear*, o con Woody, o con los soldaditos plásticos o con *Bo Beep*, la muñeca de porcelana. Cada juguete tiene una función muy específica dentro del amplio significado de la palabra jugar, cada una de sus funciones específicas puede descubrirse en su diseño específico.

Así te recomiendo que te examines tú y busques trabajar a la par del diseño de Dios en tu vida.

Dios no pide que trabajes obligado o de mala gana, ni desea que te tortures haciendo algo que te disgusta. Él pone en ti el deseo de hacer lo que ya planificó que hicieras. Y ese deseo se traduce, muchas veces, en un don o habilidad que te dio. Nunca debes trabajar en un área en que eres incapaz.

Siguiendo el ejemplo del filme, en *Toy Story 2*, Woody se encuentra con el Capataz y con Jessie. Las experiencias de la vida de ambos, el Capataz aun sellado en su caja, sin que nadie jamás hubiera jugado con él, y Jessie, quien confiesa haber sufrido una decepción cuando una niña le abandonó frustrando sus sueños, le hacen dudar del camino a seguir en adelante. Woody reflexiona, Andy su dueño está creciendo, y eventualmente le olvidará, por tanto, Woody decide quedarse en un museo, lo segundo mejor a su alcance.

Los autores del filme logran representar de un modo muy sencillo el conflicto interior que tenemos cuando nos enfrentamos a importantes decisiones en la vida. Debo seguir mi sueño, o debo ir a lo seguro. Las experiencias de dolor, y frustración personal, nos impresionan para que vayamos a lo seguro, a lo "segundo mejor", nos animan a conformarnos, a resignarnos. No cabe duda de que muchos hemos elegido lo más lógico, lo más seguro, para luego descubrir que solo era una trampa.

La anhelada dicha no se encuentra en "lo segundo mejor", ni la satisfacción, siempre nos bombardea la duda "¿qué hubiera ocurrido si...?". La realidad es que "lo segundo mejor" es el peor enemigo de "lo mejor", no es "mejor" ni siquiera "bueno", es solo un placebo para auto compadecernos por no tener valor a lanzarnos más adelante. Al valorar nuestro sueño, decir que es "bastante bueno" es condenarlo a la "imperfección".

¿Enfrentas muchas dificultades? ¿Temes al fracaso? No lo hagas, si sigues el camino de Dios, si te esfuerzas según el propósito de Dios en su vida, si te arrimas a la sombra del Omnipotente, entonces el éxito y el sosiego están garantizados.

Volviendo al filme, como Woody buscando el verdadero camino, nosotros tenemos que renunciar a los malos hábitos, temores nuestros o ajenos, a los traumas, a las pasiones egoístas, y a los deseos superficiales.

En mi propia experiencia, la mejor forma de liberarme de la terrible carga que las malas experiencias y los malos deseos ponen en mi corazón, desviándome y confundiéndome, ha sido rendirme a Jesucristo.

A fin de poder sincronizarnos con la voluntad de Dios, debemos dejar de poner nuestra confianza en deseos humanos egocéntricos, para ponerla en los buenos deseos de Dios. La oración es esencial en esta etapa, usted puede decirle:

"Señor Jesús, soy consciente de que tú eres mi Creador, y que me diseñaste desde antes de la fundación del mundo para un propósito de vida plena. Ayúdame a renunciar a mis propias metas motivadas por sueños equivocados, y ayúdame a descubrir tus planes para mí. Hoy rindo mi vida a Ti, y quiero que seas tú quien me guíes en la prosperidad de mi alma así que como en todo lo demás" (1ra de Juan 1:2).

Una importante aclaración

Ahora, esto no quiere decir que solo puedes tener éxito en un negocio siendo cristiano o siendo guiado por Dios. Ciertamente, los negocios más exitosos que vemos a nuestro alrededor no son negocios de creyentes en Cristo, sino de personas no-cristianas. Sin embargo, estas personas igualmente han seguido este principio. Han explotado al máximo su singularidad y han sido capaces de dejarse llevar por el camino por el que les guiaba el don de Dios que estaba en ellos.

Steve Jobs, el fundador de Apple es un buen ejemplo de ello, su don era una combinación de soñador con perfeccionista, futurista, y detector de necesidades. Steve podía soñar más que cualquiera, era perfeccionista hasta el mínimo detalle y, además, podía detectar qué necesitaba su público antes que ellos mismos lo supieran. Así fue que inventó el concepto de ordenador personal, el sistema de Windows como interfaz gráfica para una computadora personal, el concepto de reproductor digital portátil IPOD, ya había revolucionado el mercado y el mundo cuando soñó aun más y perfeccionó sus inventos unificándolos. Su aporte tecnológico a la humanidad fue inmenso, sin embargo, en su interior, Steve tenía algunos problemas que debía resolver.

El perfeccionismo y el espíritu soñador de Steve le hacían intransigente, cruel, y déspota con sus trabajadores, dañando así sus relaciones profesionales. Su increíble poder de empuje hacía que Steve menospreciara grandemente las condiciones laborales de sus obreros, afectándolas seriamente. Hoy se sabe que Steve era "superficial y brutal" en las relaciones interpersonales, que "no tenía vida personal por su narcisismo", que el éxito obtenido en los negocios le había costado su "integridad y honestidad y le hacían distorsionar la realidad", y que su ambición había hecho enfadar "a muchos trabajadores de la compañía".

¿Recuerdas Cary Grant? ¿De quién hablábamos al comienzo? ¿Recuerdas su éxito, su fama? ¿Su legado al cine? ¿Qué podemos decir de su legado a quienes le rodeaban, de su vida íntima, de su familia?

El mismo Thomson que le elogiaba dijo de él: "tiene un lado luminoso y un lado oscuro, pero, sea cual sea el dominante, el otro asoma a la superficie... Era bastante tacaño y demasiado suspicaz... era, seguramente, un maniático incorregible como hombre, marido, e incluso como padre".

A pesar de su rotundo éxito a nivel mundial, internamente Cary distaba de ser exitoso. Cary sufría de un profundo alcoholismo, del que se liberó para caer en las terribles garras de la droga LSD y, aunque su éxito laboral era estable, su vida familiar no lo era, se divorció 4 veces y se casó cinco.

La realidad es que, si es importante tener éxito y prosperidad en el negocio, también es importante tener personas gratas con quienes compartirlo y sentir la satisfacción de haber sido útil a quienes nos rodean.

En conclusión, puedes tener éxito sin la guía de Dios, es cierto, pero sin su guía y su protección puedes terminar abrumado y destruir tu vida y la de los demás con tu propio éxito.

De cualquier modo, recuerda, el primer elemento a tener en cuenta es: sigue tus dones innatos, ellos te guiarán en el buen camino.

Busca enfocarte en lo que te apasione. Hay personas que comienzan un negocio porque ven la posibilidad de hacer dinero en él. Están dispuestas a pasar trabajo y sacrificarse con tal de salir del bache en que la escasez les tiene. Su espíritu de sacrificio es muy loable, sin embargo, están erradas.

Se debe partir de la vocación, del llamado, del don, del propósito e ir hacia la realización personal, pasando obviamente por la retribución monetaria. El empresario que comienza su negocio solo porque le es rentable y a pesar de que no es su ideal, terminará obstinado y trabajando de mala gana, frustrado y decepcionado.

Si ya tienes la oportunidad de elegir la labor que vas a realizar, escoge una que te satisfaga plenamente. Cuando pienso en los grandes hombres y mujeres de éxito del mundo de los negocios descubro personas apasionadas con un proyecto, con un trabajo, con un propósito, con una meta.

A tu alrededor puedes ver a muchos que solo trabajan por el dinero. Debemos ser realistas: si bien el dinero no es enemigo de la satisfacción, tampoco la garantiza, muchas veces el dinero solo nos da la apariencia de satisfacción, maquilla nuestras casas, nuestra vestimenta, nuestro rostro, para ocultar el vacío, la amargura, la frustración, el dolor, el resentimiento. Como dijo alguien una vez, te exhorto a que tomes "un camino más excelente".

¡Qué maravilloso es hacer lo que nos gusta, lo que disfrutamos, y que encima nos paguen por ello!

Habilidad Real

Hay un pasaje, en la Biblia, donde Jesús habla de los negocios, en Mateo 25:14-29 (usted lo puede leer en los Anexos de este libro), utiliza una parábola para enseñarnos que Dios nos bendice y provee conforme a su conocimiento de nosotros y de nuestra capacidad real. Nosotros también debemos tener en cuenta nuestra habilidad para realizar la labor que queremos hacer.

La vocación se refiere al diseño de Dios, no implica una capacidad real, sino una capacidad potencial. En el diseño de Dios un niño puede tener la capacidad potencial de ser un gran músico, pero sino desarrolla ese don nunca lo será, en algunos casos, ni siquiera será músico, su capacidad potencial es inmensa, pero su capacidad real ínfima.

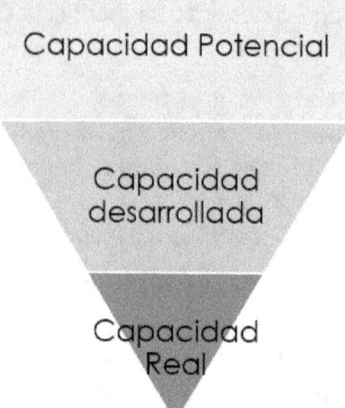

Supongamos que José quiere comenzar una pizzería.

Asumiendo que tiene la habilidad potencial de ser un gran cocinero, si José nunca ha cocinado para grandes cantidades de personas, y nunca ha cocinado comida italiana.

Entonces su capacidad potencial es limitada por la capacidad que ha desarrollado, su capacidad real se ve muy reducida y mucho más su posibilidad de éxito.

Para saltar esta limitación profesional, José debe desarrollar su *capacidad potencial*, para alcanzar la *capacidad real* que necesita.

Sin el don innato o capacidad potencial, cualquiera puede lograr ciertas habilidades en categorías en las que no tiene el don. Sin embargo, quien fue diseñado para algo específico y tiene los dones para ello captará y aprenderá más rápido. Además, será más innovador, y creativo.

Todos fuimos creados con dones o habilidades potenciales según el propósito de Dios, solo debemos ser capaces de enfocarnos en la misma dirección del diseño divino para rendir al máximo en nuestras vidas.

De cualquier forma, el estudio, el entrenamiento, la preparación, y las actividades prácticas, son fundamentales para desarrollarnos hasta alcanzar una habilidad real útil para el negocio que queremos desarrollar.

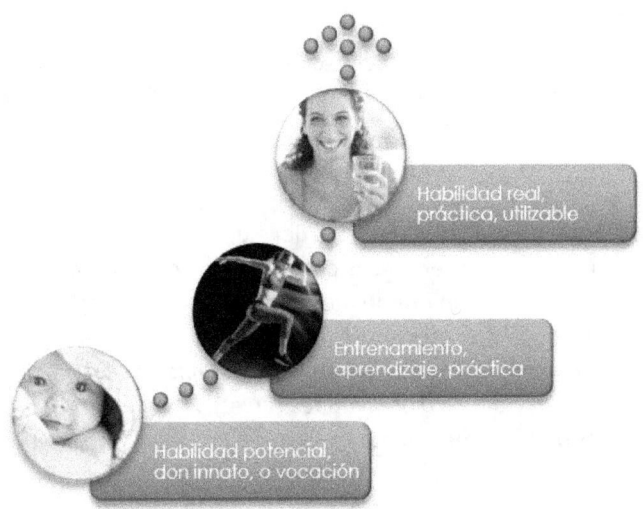

Habilidad real, práctica, utilizable

Entrenamiento, aprendizaje, práctica

Habilidad potencial, don innato, o vocación

Los costos de entrenamiento y aprendizaje deberán incluirse también entre los costos de inversión.

La incapacidad para desarrollar una habilidad puede ser un indicativo de que nos estamos dejando llevar por deseos inalcanzables, irreales y alejados de nuestras capacidades reales. En esta etapa, debemos ser sinceros y honestos con nosotros mismos, el mundo de los negocios no perdonará, ni consentirá nuestro autoengaño. Como decimos en Cuba, a la hora de la verdad la matemática no da la cuenta, y nuestras capacidades y fuerzas se quedarán cortas ante el reto que le ponemos por delante.

Actividad Práctica

1. Haz las siguientes preguntas a las personas que te rodean en tu círculo familiar, personal, y de trabajo o estudios:
    a. ¿Qué es lo que más valoras de mí como persona?
    b. ¿Qué habilidades te impresionan más en mí?
    c. ¿En qué áreas de trabajo crees que sobresaldría yo?

Al terminar, resume en una corta lista los dones y habilidades que los encuestados detectaron en ti. Recuerda que puede que ellos no vean totalmente lo que hay en tu interior, pero ven su resultado o expresión externa.

2. Haz una lista de no más de tres dones innatos o vocaciones por las que sientes inclinación. Selecciona uno de esos dones como área general en que desarrollarás tu negocio.

    a.

    b.

    c.

3. Toma ahora las respuestas del ejercicio 1 y 2 y trata de unir sus resultados en frases cortas que describan brevemente el área de trabajo donde mejor los desarrollarías. *(Recuerda que muchas veces nuestros deseos o anhelos pueden ser simplemente pasiones o sueños sin relación alguna con nuestros dones o habilidades reales, y que la percepción de los que nos rodean nunca es tan profunda como la nuestra, aunque sí es más práctica y realista, porque se basan en lo que realmente ven en nosotros).*

    <u>Por ejemplo:</u> suponga que en la respuesta 1 mis amigos mencionaron "sinceridad, espíritu crítico, perseverancia, buena memoria, cocina" y en la respuesta 2 mis dones creo que son "detallista, trato con las personas, y manualidades".

    Al tratar de unir a las respuestas 1 y 2 en frases que puedan describir brevemente el área de trabajo donde mejor los desarrollaría diría: "crítico de cocina" o "chef" o "vendedor" o "comprador-vendedor de artesanías", etc.

4. Si reconoces tener problemas de habilidad real para llevar adelante tu negocio, quizás debas entrenarte un poco en algunas áreas importantes. Anota a continuación en qué áreas necesitas entrenamiento, y cuánto te va a costar ese entrenamiento. Es probable que para responder esto necesites averiguar de los cursos que necesitas y precios disponibles, o simplemente puedas contactar con algún amigo que te pueda entrenar gratuitamente.

Curso	Costo

Nicho de Mercado

En la Biblia hay un buen ejemplo de investigación antes de emprender una gran obra: Moisés, antes de arriesgar la vida y recursos de su pueblo, fue orientado por Dios a enviar a 12 espías a la tierra prometida (Números 13:1-20). La investigación debía hacerse con sumo detalle, la intención de Dios era que el pueblo notara el potencial grandioso de la tierra que tenían por delante.

> "Observaréis la tierra, cómo es, y al pueblo que la habita, si es fuerte o débil, si escaso o numeroso. Cómo es el suelo en que él habita, si es bueno o malo, y cómo son las ciudades en las cuales mora, si abiertas o fortificadas, y cómo es el terreno, si fértil o estéril, si hay en él árboles o no. Esforzaos, y recoged del fruto de la tierra." (Números 13:18-20).

Pero los espías regresaron desanimados por los grandes obstáculos que descubrieron, pasando por alto la belleza de la tierra y la promesa de prosperidad y protección de parte de Dios. Hay un riesgo que se corre al hacer la investigación de mercado y es el riesgo de desanimarnos al ver los obstáculos que pueden frenarnos.

Es normal sentirnos amedrentados por los retos que tenemos delante, sobre todo cuando hay mucho en juego: tiempo, dinero, ilusiones, esperanzas. El mundo de los negocios presenta innumerables retos y conflictos, y no todos podemos preverlos, ni nuestras fuerzas son suficientes para vencerlos todos. Muchas personas, al observar a los gigantes que tienen delante, comprenden que necesitan "ayuda adicional", "buena suerte", o "apoyo espiritual" para que algo o alguien tome control de las situaciones que están más allá del alcance del brazo humano. Ellos pagan y ponen su confianza en dioses menores, amuletos, o promesas que se venden por dinero, pasando por alto que el Dios Todopoderoso, Creador del Universo anhela bendecirles sin cobrarles un céntimo.

Los creyentes en Cristo, tenemos preciosas promesas de parte de Dios. Él nos prosperará en nuestro trabajo, solo necesitamos confiar en Dios y creerle. Israel, en esta ocasión, se desanimó, no creyó, y fracasó antes de empezar. Pero años después, otra generación creyó a Dios y tomó por asalto la tierra prometida, para descubrir que Dios les daba la victoria en cada batalla. Milagro tras milagro el pueblo prosperó hasta ser una gran nación.

La investigación del terreno añade sabiduría y preparación al emprendedor. Al investigar, podremos saber qué necesitamos, por dónde comenzar, qué riesgos enfrentaremos, y si la tierra es suficientemente próspera para que valga la pena invertir en ella.

Además, al estudiar la rentabilidad de la tierra, sabremos si tenemos los recursos suficientes para un asalto a gran escala, o necesitamos abordar la conquista con pequeños proyectos menos costosos.

Jesús dijo:

> "Porque ¿quién de vosotros, queriendo edificar una torre, no se sienta primero y calcula el costo, para ver si tiene con qué terminarla? No sea que habiendo puesto el cimiento, no pueda terminarla, y todos los que lo vean comiencen a hacer burla de él, diciendo: Este hombre comenzó a edificar, pero no pudo terminar.

> ¿O qué rey que marcha a hacer guerra contra otro rey, no se sienta primero a deliberar si puede hacer frente con diez mil al que viene contra él con veinte mil? Y si no, estando todavía lejos de él, envía una embajada y solicita condiciones de paz"

> (Lucas 14:28-32).

El mercado es un elemento importantísimo a analizar. La investigación del mercado es una parte esencial en nuestra preparación previa. Así sabremos si es viable el negocio que nos estamos proponiendo. Si es viable la inversión que vamos a realizar.

Debes ver el estudio de mercado como parte del proceso inversionista, pues este paso te garantizará que tu inversión sea en buena tierra, y no en un terreno árido o saturado. Esto quiere decir que, si tienes que dedicar tiempo y dinero a esta investigación, no dudes en hacerlo, el dinero y tiempo que inviertas aquí implicará ahorros y ganancias en el futuro.

La investigación de mercado revelará tanto las promesas como los obstáculos, los retos como los premios. Si las promesas del área analizada valen la pena, entonces debemos observar los obstáculos, y buscar el modo de vencerlos. Mientras más grande sea la promesa, mayores serán los retos y más demandará de nosotros. Del mismo modo, debemos ser capaces de entender nuestras limitaciones y ser realistas y honestos.

Una investigación de mercado puede arrojar un resultado positivo o negativo para nuestro negocio. La investigación ha sido un éxito aun cuando descubrimos que no vale la pena invertir en el negocio que queremos implementar en ese lugar. Un resultado negativo es un resultado. Y significará que ahorramos tiempo y dinero en un negocio destinado a fracasar.

Esta investigación deberá enfocarse en tres aspectos fundamentales, aplicados cada uno a la zona de venta y al producto en venta:

1. los posibles clientes,
2. la rentabilidad del negocio, y
3. la posible competencia,

El siguiente gráfico nos ilustra cada uno de los tres aspectos fundamentales y dos las áreas estudiadas en ellos.

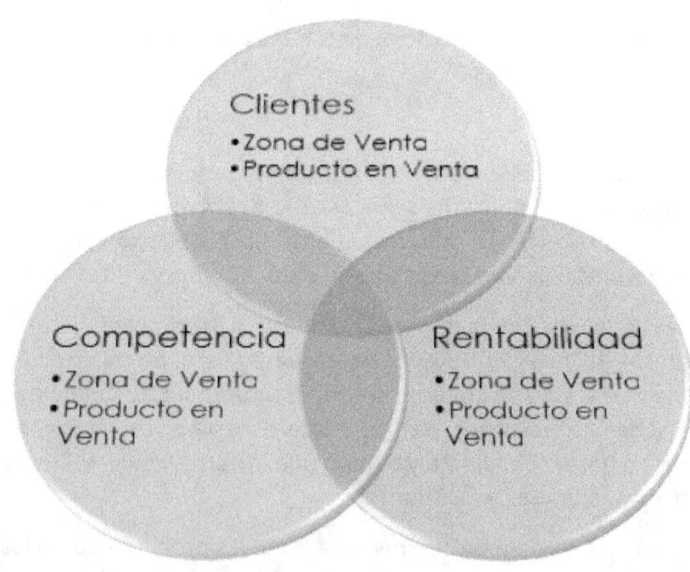

El resultado de la investigación será prometedor en el área de unión de todos los tres aspectos analizados.

Veamos un aspecto a la vez.

Clientes

Al examinar e investigar la zona o área que queremos alcanzar con nuestro negocio debemos tener en cuenta si a esa población le interesará el producto que queremos ofrecer.

Quizás en la zona en que queremos vender nuestras pizzas (siguiendo el ejemplo de José), notamos que la comunidad no es muy amante de las pizzas y prefieren los panes con hamburguesas, además, quizás, hemos notado algunas pizzerías que han abierto, pero después de un tiempo han terminado cerrando.

Al determinar el interés de la población por nuestro producto no debemos ser simplistas. Es decir, no debemos saltar a conclusiones precipitadas sin tener en cuenta todos los factores.

Siguiendo la línea anterior, es importante analizar las causas por las que las personas no son tan amantes de las pizzas ¿Es que realmente no les gustan las pizzas? ¿O es que la experiencia que han tenido o tienen con ese producto no es satisfactoria? Pudiera ser, por ejemplo, que las pizzas que se han vendido han sido de mala calidad, y podemos nosotros vencer ese problema. O quizás los negocios que han quebrado han fracasado por mala administración de sus dueños.

La investigación de mercado es precisamente eso, una investigación, mientras más profunda es, mejores conclusiones sacaremos y más dolores de cabeza nos ahorraremos.

De ser posible, debemos conversar con los clientes potenciales y con los dueños de los negocios que han tenido alguna experiencia similar en esta comunidad.

Es importante, antes de seguir, que seas capaz de definir los conceptos general y específico de tu producto. El concepto o idea general de tu producto es lo que lo caracteriza como un todo, en una sola frase. El concepto específico caracteriza a los elementos que lo componen. Por ejemplo, en el caso de las pizzas que usamos como ilustración, podemos establecer estas dos definiciones:

Concepto General: Venta de comida italiana.

Concepto Específico: *Pizzas, lasañas, risotto, pastas, polenta, Piamonte, ossobuco, piccata, papillot*, etc.

Si tomáramos, por ejemplo, un taller de reparación de autos diríamos:

Concepto General: Reparación de autos

Concepto Específico: Especialización en autos antiguos, cigüeñales, amortiguadores, electricidad, y chapistería.

Al investigar el mercado de los clientes veremos su interés en el concepto general, y su interés en el concepto específico. Así, esta investigación puede incluso aportarnos ideas para el negocio al descubrir los problemas, inquietudes, malas experiencias, y expectativas de la comunidad a que dirigimos nuestra empresa.

La investigación de mercado puede, además, mostrarnos cuáles son los topes de precio a nuestros productos, cuáles productos podrían tener mayor venta, y en cuáles no vale la pena invertir. Además, podría mostrarnos la preferencia cultural de la comunidad en el sentido de cómo preferirían que fuera presentado el producto.

Utilizando el ejemplo de las pizzas en las soluciones anteriores:

Producto	Tope de precio	¿En demanda? (S/N)	Presentación	Notas
Pizza de queso	$ 10.00	S	Para comer en un lugar agradable y para llevar	A domicilio
Lasaña	$ 15.00	S	Solo para comer en un lugar agradable	Algunos clientes pidieron una mega-lasaña
Jugos naturales	$ 3.00	N	En vasos grandes y con hielo	
Espaguetis	$ 5.00	N	Para llevar	
Helado	$ 20.00	S	Para comer con la Pizza	Prefieren estilo Turquino

Como puedes ver, al hacer el estudio de mercado recopilamos información que no solo nos ahorró invertir en los jugos naturales y el espagueti, también nos mostró que hay gran interés en la Lasaña y el envío a domicilio de Pizzas. El estudio también nos mostró que en la comunidad se anhela un lugar agradable, probablemente a la sombra y/o climatizado donde los clientes puedan comer y compartir en grupo. Además, nos abrió otra posibilidad de inversión que no habíamos pensado: el helado con dulce estilo turquino.

Ten cuidado, al hacer el estudio de mercado, de no consultar solo a dos o tres personas, mientras más amplio sea tu espectro investigativo, más información recopilarás.

Los elementos a tener en cuenta al valorar si vale la pena invertir desde la perspectiva de los clientes son interés y/o necesidad del producto que ofrecemos. No siempre los clientes muestran interés en un producto nuevo, pero si nuestra investigación arroja que es un producto que necesitan (aunque no lo sepan), entonces vale la pena invertir.

Por esta razón, si después de analizar el mercado de los clientes, comprendemos que habrá poco interés por el producto que ofreceremos, entonces la promesa de prosperidad es pobre y debiéramos pensar en buscar otra zona o cambiar el producto a ofrecer.

Recomendamos investigar haciéndonos estas preguntas:

- ¿Cuál es el criterio de la comunidad con relación al producto que queremos ofrecer?
- ¿Ha habido tenido la comunidad alguna experiencia previa con un producto igual o similar al que queremos ofrecer?
- Si ese producto no fue bien recibido, ¿por qué no fue bien recibido?
- Si el negocio que nos precedió terminó fracasando, ¿por qué fracasó?
- ¿Existen otros negocios que puedan hacernos competencia ofreciendo el mismo producto que nosotros o uno similar? ¿En qué es similar nuestro producto al de ellos? ¿En qué se diferencia?

- ¿Cuáles son los topes de precio de los productos que se venden actualmente en la zona? ¿Cómo responde la comunidad a estos precios? ¿Tolerarían que ofreciéramos un producto más caro y de mejor calidad? ¿Tolerarían un producto más barato, de calidad inferior, pero más de acuerdo con sus ingresos?
- ¿Qué productos podrían añadirse a nuestra canasta de productos en oferta que nos distinga del resto de los negocios en funcionamiento en la comunidad?

Rentabilidad

Para investigar la rentabilidad del mercado veremos el *costo de nuestra inversión inicial, cuánto tiempo nos tomará recuperar el costo de esa inversión* y *cuánto ganaremos mensual* o semanal o diario después de esta recuperación.

Para que puedas entenderlo mejor, utilizaré sencillas fórmulas matemáticas.

[Tiempo para Recuperar Inversión] = [Inversión Inicial]/ [Ganancia Neta Mensual]

Por ejemplo, si mi inversión inicial es de $ 5000.00, y en el peor de los casos, el negocio generará una ganancia neta de $300.00 mensuales, entonces la fórmula sería:

[Tiempo para Recuperar Inversión] = 5000/300 = 16.6 meses ≈ 1 año y 5 meses

Para conocer nuestra ganancia neta debemos tener en cuenta todo lo que tiene que ver con la logística, con los impuestos, y con el pago de los salarios a los trabajadores que necesitemos.

[Ganancia Neta Mensual] = [Ingresos Mensuales] - [Logística Mensual] - [Impuestos Mensuales] - [Salario Mensual a Trabajadores]

Si la Ganancia Neta Mensual es menor que cero, o muy baja, entonces el negocio no funcionará con los gastos calculados, y habrá que hacer ajustes en los gastos o reformular el proyecto. Por otro lado, los Ingresos Mensuales dependerán del precio al que vendemos nuestros productos y del costo de producirlos.

[Ingresos Mensuales] = [Pronóstico de Venta Mensual al menor precio posible] - [Costo Mensual de Producción de nuestros Productos]

Si el precio al que podremos vender nuestros productos es demasiado bajo con relación al costo de establecer y mantener nuestro negocio, debiéramos pensar en cambiar la zona de venta o cambiar el producto a ofrecer.

Muchos aspirantes a empresarios fracasan en esta etapa de su planificación, al inflar con sueños irreales los números de sus ganancias, y tristemente, ni siquiera logran recuperar el dinero que invirtieron en la primera etapa, y mucho menos lograr que el negocio se mantenga con estabilidad y sostenibilidad suficiente. Es por eso que, al hacer el estudio de rentabilidad, se recomienda realizar los cálculos para el peor caso posible, de modo que el negocio funcione en la situación más difícil imaginable.

Otros aspirantes pasan por alto el tiempo de recuperación del costo de inversión, y se endeudan con otras personas o consigo mismos, pensando en las ganancias del negocio. Al no darse cuenta de que a su negocio le tomará un tiempo para pagar la deuda, no guardan ahorros ni planifican su economía para pasar esa primera difícil etapa donde no podrán disfrutar a plenitud las ganancias de su trabajo.

Competitividad

También es importante estudiar los negocios que probablemente nos harán competencia, deberemos analizar si existe alguien ofreciendo el mismo servicio o producto general y/o específico que nosotros y con las mismas características. Si tenemos competencia, deberíamos ver cuán eficaces son en lo que hacen y cuán parecida es su visión a la nuestra.

Si ellos ya tienen cubierto a la mayoría de los clientes y su producto se parece al que queremos ofrecer, entonces debiéramos pensar en cambiar de zona o producto a ofrecer.

En ocasiones la competencia es despreciable, pues el servicio que brindan es de mala calidad y no influye en nuestra decisión. En otras ocasiones la competencia ha saturado el mercado, como ocurre con comunidades donde hay una pizzería en cada cuadra. Y hay variedad de productos ofrecidos con diferentes precios y formatos. En estos casos debiéramos pensar en cambiar de zona, o de producto.

Si quizás piensas presentar un producto en un mercado saturado, pero tu producto tiene una característica distintiva, única, que crees que puede vencer a la competencia y lograr la preferencia del público, entonces haz una investigación de mercado y verifica tu creencia. No te lances a lo loco.

Suponiendo nuevamente que estés optando, por ejemplo, por un negocio de venta de alimentos italianos, y descubres un mercado saturado por gran cantidad de pizzerías de comida rápida, aun te queda la posibilidad de vender comida italiana de lujo. Un ligero cambio en tu enfoque puede mostrarte un mar de posibilidades inexploradas. Pero nunca lo descubrirás si no haces primeramente una investigación de la competencia y de los clientes que quieres alcanzar.

Una vez hechos los ajustes necesarios y seguro de que la competencia no te afectará, entonces podrás seguir adelante en tu proyecto.

Investigación del Producto

Incluso si tenemos alguna experiencia manejando un producto, es aconsejable hacer algunas averiguaciones antes de invertir nuestro tiempo y recursos. Para ello es bueno que nos acerquemos a otros que tienen la capacidad y experiencia en las áreas que componen nuestra selección.

Por ejemplo, en nuestro ejemplo (venta de comida italiana), vamos a investigar en cuanto a

Calidad: consultaremos a uno o varios chefs de cocina que tengamos a alcance.

Logística: consultaremos a alguien que trabaje en mercados agropecuarios o algo así que nos pueda dar la luz sobre los puntos de venta más baratos y de mejor calidad. También el costo de transportar esos insumos hasta nuestro local de producción y ventas.

Transportación: consultaremos a alguien con una moto para averiguar su consumo de combustible, y los precios que él y otros consideran deseables para llevar las pizzas a domicilio.

Herramientas: Podemos consultar a los chefs en cuanto a qué implementos de cocina son los ideales para esta idea, y cuáles son los imprescindibles para comenzar.

Mientras más profunda y diversificada sea la investigación, menos cabezazos nos daremos cuando estemos implementando nuestro negocio. Repito nuevamente: *Tiempo invertido en la investigación es tiempo y dinero ahorrado después en la implementación.*

La investigación ideal cubrirá los niveles profesionales y artesanales del negocio.

Los niveles profesionales se refieren a personas estudiadas y que viven o vivieron de ese negocio, quienes tienen un conocimiento organizado, trabajan con herramientas de alto costo, y con altos volúmenes de materiales. Su experiencia puede ayudarnos a salir adelante y a enfocarnos hacia dónde queremos llegar.

Los niveles artesanales se refieren a personas que han inventado sus propias herramientas con sus propios recursos y tienen ideas novedosas sobre cómo llevar adelante el negocio. Sus consejos e ingenio pueden ayudarnos enormemente a resolver los obstáculos que encontremos en el camino.

Actividad Práctica

1. Una vez que has seleccionado el área en que quieres desarrollar tu negocio, realiza una investigación de mercado atendiendo a los tres elementos que se mencionan en este libro.

   Luego de realizar la investigación responda las preguntas siguientes con un resumen de cada tema investigado.

   a. Clientes
      - ¿Qué dicen los clientes potenciales acerca de tu idea?
      - ¿Se sienten emocionados por la posibilidad de que exista un negocio así en el barrio? Explique
      - ¿Tienen alguna sugerencia que sirva como incentivo para dar un toque diferente a tu negocio?

- ¿Tienen alguna petición específica sobre cómo o qué debería ofertar ese negocio?

b. Rentabilidad

¿Cuáles son los precios en que puedes ofertar tu producto? Compáralos con el costo de elaboración de cada producto.

Recuerda:

[Ganancia Probable] = [Precio Posible de Venta] – [Costo de Elaboración]

Producto	Precio posible de venta	Costo de elaboración	Ganancia probable

Analiza los factores de logística y administración en tu negocio, compáralos con la ganancia que obtendrás.

Ganancia total de un mes	Gastos logísticos de un mes

c. Competitividad

Analiza los negocios que te pueden estar haciendo competencia en la zona en que piensas ofertar tu producto.

Nombre de negocio competidor	Similitudes/diferencias con el negocio que quiero abrir	Alcance y prosperidad de ese negocio

2. Para hacer una investigación del producto, coordina entrevistas con expertos en el área en que quieres incursionar. Puedes anotar aquí tus conclusiones:

Inversión Inicial

El otro elemento a tener en cuenta es la inversión inicial, es decir, el dinero o recursos que ponemos en el negocio a fin de que pueda comenzar a funcionar. El dinero y recursos con que contamos nos limitará o potenciará en el primer impulso que demos a nuestro proyecto. Mientras mayor sea el primer golpe, más rápido obtendremos grandes ganancias. Sin embargo, muchas veces no tenemos mucho para invertir, y eso puede hacer aterrizar nuestros sueños e ilusiones.

Sobre los asociados o inversionistas

Por eso, en ocasiones, es necesario buscar un asociado o asociados que nos ayuden en esta etapa. Estos son algunos consejos que te puedo sugerir a partir de mi propia experiencia. Sea que hagamos un acuerdo firmando documentos mediante un notario, o verbal, simplemente estrechándonos la mano, es importante tratar de evitar malas experiencias con socios inconstantes, o personas incompatibles con nosotros o con visiones y metas diferentes.

Por esa razón, al elegir un inversionista asociado no solo velarás que tenga recursos económicos que invertir, también estarás observando estos detalles:

- Su relación contigo, que sean compatibles y se lleven bien, que se complementen el uno al otro al trabajar.
- Su honestidad, observa cómo hace negocios con otras personas, presta atención a si es un hombre o mujer de palabra, si es puntual, si cumple sus compromisos.
- Su laboriosidad, no querrás tener a un lastre retrasándote, verifica que sea una persona emprendedora, trabajadora, que no se detiene ante las adversidades si no que busca el modo de lograr su objetivo. Los vagos ven los obstáculos como justificación para hacer nada, los laboriosos ven los obstáculos como retos que deben superar.
- Sus habilidades, deberás verificar también que te sea útil en el trabajo por las capacidades que tiene, este aspecto deberás verlo con relación al negocio que quieres levantar.

Es importante que tu asociado te pueda complementar laboralmente y tú a él.

- Su amor al dinero, una persona que ame demasiado el dinero y no tenga escrúpulos a la hora de conseguir el dinero eventualmente traerá dinero, sí, pero también problemas. El dinero es un medio para un fin, no un fin en sí mismo. Tu asociado debe ser equilibrado, valorando y disfrutando el resultado monetario de su trabajo, pero conociendo que lo más importante está más allá de esos billetes.

- Sus principios morales, este es un terreno difícil de definir hoy en día cuando la moralidad es tan perseguida como vapuleada. La Biblia dice que el principio de la sabiduría es el temor reverente a Dios, como a un Padre, porque una persona que respeta a Dios hay ciertas cosas que no hará. Sin embargo, cuando se vive lejos de Dios a veces se hace difícil distinguir lo bueno de lo malo. Puedo recomendarte que evites asociarte con personas mentirosas, envidiosas, adúlteras, chismosas, ladronas, celosas, peleonas, dadas a beber demasiado, libertinas, etc.[1] La lista sería, probablemente interminable, y quizás a nadie encuentres. Baste con decir: cuando vayas a elegir a alguien como asociado, observa cómo actúa con sus enemigos o con las personas que aprecia o no aprecia. Y entonces podrás saber lo que hará con tus clientes, o contigo.

"Y manifiestas son las obras de la carne, que son: adulterio, fornicación, inmundicia, lascivia, idolatría, hechicerías, enemistades, pleitos, celos, iras, contiendas, disensiones, herejías, envidias, homicidios, borracheras, orgías, y cosas semejantes a estas; acerca de las cuales os amonesto, como ya os lo he dicho antes, que los que practican tales cosas no heredarán el reino de Dios." (Epístola a los Gálatas, Santa Biblia)

También, para minimizar las falsas expectativas, y las desigualdades a la hora de trabajar u obtener ingresos, te recomiendo que:

- Las inversiones **se hagan** a partes iguales.

- Los inversionistas **trabajen** a partes iguales, aunque sea en áreas diferentes.
- Los inversionistas **cobren** a partes iguales.

Recuerda, el asociado tendrá acceso a información confidencial tuya, a tu caja de ingresos, a tus debilidades y fortalezas, trabajará codo a codo a tu lado y de él dependerá, en gran medida tu éxito o fracaso en el futuro.

Como tú, también tengo un negocio, y también tuve que recurrir a un asociado porque tenía pocos recursos con los que empezar. La elección del asociado, en mi caso surgió de modo muy natural, como compañeros de estudios, tuvimos tiempo de conocernos y valorar cómo reaccionábamos en diferentes situaciones de estrés, y también de entender cómo valorábamos el dinero y lo manejábamos.

Finalmente, notamos empatía laboral a la hora de emprender proyectos escolares juntos, y con naturalidad llegamos a la conclusión de que no sería mala idea emprender un proyecto de negocios juntos. Nuestras habilidades son muy diferentes, por eso nos complementamos bien en el trabajo. Él es mejor en la administración, yo soy mejor en la planificación, él puede confiar en mi planificación, y yo puedo descansar en sus habilidades logísticas y administrativas.

Ahora mismo estamos trabajando en dos proyectos prometedores, uno ya pasó la etapa de implementación y desarrollo, y está en vías de expansión, el otro, apenas comienza, pero es mucho más prometedor y complejo que el primero, a la vez que más arriesgado y temerario.

Pero me siento confiado y seguro en el equipo que tenemos y en nuestras habilidades. Sé que mi asociado cubre mis espaldas, del mismo modo que yo cubro las suyas. Mi entorno de trabajo es ameno, y pacífico a la vez que prometedor y entusiasta.

Tengo un amigo, sin embargo, que trabaja temiendo a su asociado, teme que le quiera desplazar, teme que tome una decisión incorrecta, debe ir detrás de él apagando los fuegos que deja encendidos en todas partes con los clientes, o sentarse largo rato con él debatiendo nimiedades que resultan ser caprichos infantiles motivados por la inexperiencia. El negocio avanza lento, los clientes se quejan, y mi amigo llega a casa extenuado, irritable, su esposa le dice algo y él responde de mala gana, el negocio genera ganancias, pero genera problemas mayores que sus ganancias y la paz que quería alcanzar con esos ingresos se le escurre entre los dedos.

Un consejo al elegir

Piénsalo bien antes de elegir. Si es necesario somételo a pruebas en cada uno de los aspectos que recomendamos. Consúltalo con Dios, con tu almohada, con tu pareja, con tus amigos.

Un principio que me ha ayudado mucho al seleccionar asociados lo tomé de las palabras de Jesús en la Biblia. Jesús hace una parábola mostrando cómo es que Dios administra sus negocios celestiales. Él toma a un individuo y le da un poco de recursos, luego se aleja observando cuidadosamente qué hace esta persona con los recursos que recibió. En la ilustración se aprecia que Dios no solo espera que no perdamos o malgastemos los recursos que puso en nuestras manos, también espera que los multipliquemos.

Una vez Jesús ha observado la conducta de estas personas, toma una decisión, darles más o quitarles lo que les dio. (Mateo 25:14-30)

> *Su señor le dijo: Bien, buen siervo y fiel; sobre poco has sido fiel, sobre mucho te pondré; entra en el gozo de tu señor.* (v.23)

Aprendiendo de Dios sobre su manera de gestionar personas, recursos, y responsabilidades, he aprendido a no saltar de golpe ante promesas rimbombantes de personas que conozco poco o mucho. Siempre aplico el principio de Jesús. Les doy un poco y veo qué ocurre. Si la persona termina defraudándome, perdí solo un poco y me ahorré disgustos y dinero. Si la persona es fiel en lo poco, entonces muy probablemente pueda confiar en ella para lo mucho.

Cálculo de la inversión inicial

Al tener en cuenta la inversión debemos calcular minuciosamente cuánto deberemos gastar en la primera etapa. La inversión inicial es todo el dinero y/o recursos que ponemos en el negocio antes de su lanzamiento y antes del primer ingreso por concepto de venta.

Con las primeras ventas, todavía no se están generando ganancias, solo se está recuperando el dinero que se invirtió inicialmente. Una vez que el negocio generó más dinero del que fue necesario para echarlo a andar, entonces podemos comenzar a hablar de un negocio rentable.

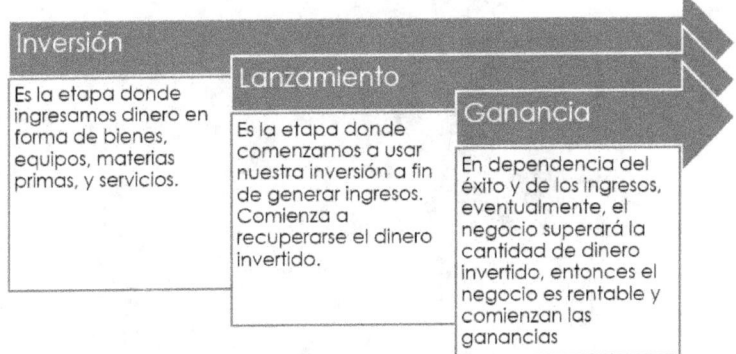

A la hora de tener en cuenta la inversión, debemos mirar los fondos con que contamos.

La inversión no solo incluye el dinero que vamos a poner en el negocio, también los equipos, bienes, materias primas, y servicios.

- **Bienes**: se refiere a los recursos propios de cada inversionista, a los que renuncia por el bien del negocio (ej. Una batidora que entrega uno de los inversionistas para la preparación de cremas), estos bienes no cuestan dinero en sí mismos, pues ya existen antes de comenzar el negocio, sin embargo, implican un gasto contable para el inversionista que renuncia a ellos. Por otro lado, también implican un ahorro considerable pues con la entrega de este recurso de segunda mano, ya no se tiene que comprar otro, probablemente nuevo, y más caro.
- **Equipos o equipamiento**: se refiere a las herramientas compradas por los inversionistas para usar en el negocio (ej. Un horno que se compra para la preparación de las pizzas).
- **Materias Primas y productos semielaborados**: se refiere a los materiales que deben comprarse para producir bienes de consumo (ej. Queso, y harina para la producción de pizzas).

- **Servicios**: se refiere a los <u>servicios contratados a terceros</u> a fin de realizar labores necesarias para el negocio (ej. Un albañil para hacer un mostrador).

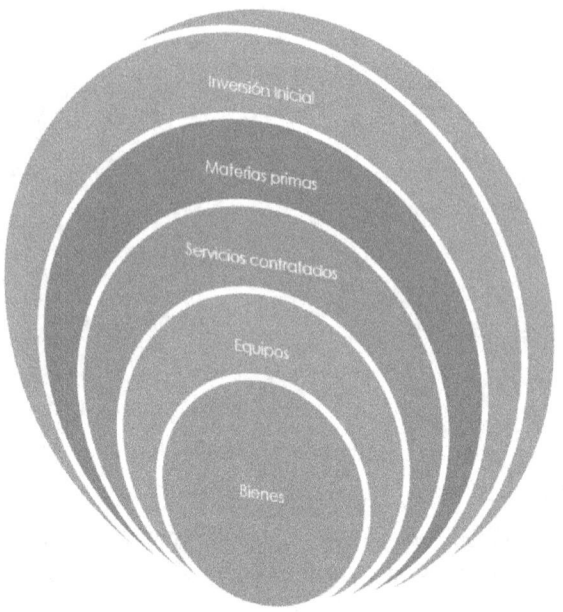

Al invertir, es importante llevar una libreta de apuntes donde se anoten todos los gastos de inversión realizados. En cuanto a los bienes personales que pasan a ser parte del negocio, los inversionistas tasarán su valor de común acuerdo y agregarán el dinero que representa al costo de inversión. En esta libreta quedará establecido cuánto ha invertido cada asociado.

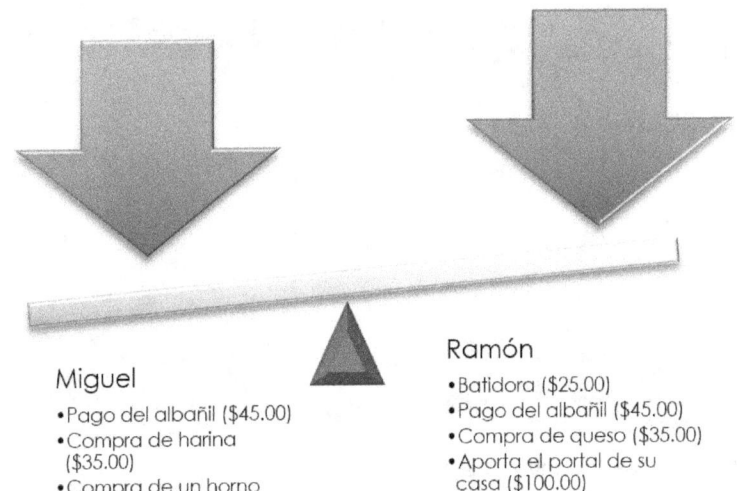

Miguel
- Pago del albañil ($45.00)
- Compra de harina ($35.00)
- Compra de un horno ($100 .00)

Ramón
- Batidora ($25.00)
- Pago del albañil ($45.00)
- Compra de queso ($35.00)
- Aporta el portal de su casa ($100.00)

Como puede verse en el gráfico anterior, el segundo inversionista, Ramón, ha invertido $25.00 más que Miguel lo que desequilibra la balanza, si Miguel quiere ir al 50 % con Ramón deberá esforzarse e invertir lo necesario para igualar la balanza.

Es importante aclarar que como asociados toda inversión la harán de común acuerdo. Ahora, Miguel no puede llegar con un rollo de cables diciendo que le costaron $25.00 y que ya está parejo. Pues ello podría sembrar la duda en Ramón: "¿Realmente costó $25.00?", "¿Por qué compró los cables si lo que necesitábamos eran los tomacorrientes? Ahora estamos cortos de dinero y tenemos exceso de cables". La buena comunicación es muy importante en esta etapa.

Estableciendo porcentajes

Ahora, si los inversionistas no quieren, o no pueden, ir al 50 %, aquí les dejo una fórmula que pueden usar para sacar su porciento. Utilizando el gráfico anterior podemos llenar la siguiente tabla.

Miguel		Ramón	
Producto	Costo	Producto	Costo
Servicio Albañil	$45.00	Servicio albañil	$45.00
Compra de harina	$35.00	Compra de queso	$35.00
Compra de un horno	$100.00	Portal de la casa	$100.00
		Batidora	$25.00
Inversión Parcial (InvP):	$180.00		$205.00
Inversión General (InvG):	180 + 205 = $385		

Estas son las variables que utilizaremos:

Porciento Parcial del Inversionista = **PCI**

Inversión Parcial del Inversionista = **InvP**

> **InvP** Miguel = 180 CUC
>
> **InvP** Ramón = 205 CUc

Inversión General del Negocio = **InvG**

> **InvG** = 385

Utilizando la siguiente fórmula podemos conocer el porciento parcial de cada inversionista:

> **PCI = InvP * 100 / InvG**

En este caso, el porciento de inversión de cada inversionista sería:

> **InvP** Miguel = 180 x 100 = 18 000/ 385 = 46.75 %
>
> **InvP** Ramón = 205 x 100 = 20 500 / 385 = 53.24 %

Puede usar este sistema para cualquier número de inversionistas que tengas en el negocio. Sin embargo, recuerda que mientras menos inversionistas tengas mejor. El factor humano puede dañar la estabilidad y armonía de nuestro negocio, minimízalo tanto como sea posible.

Tampoco es recomendable pedir préstamos en algo tan riesgoso como un negocio que empieza. Siempre existen factores de riesgos que no podremos prever. Es sabio orar a Dios que nos provea los fondos necesarios para comenzar nuestro negocio, o la sabiduría para comenzarlo con los fondos que tenemos.

En la Biblia, vemos a Jesús hablando de negocios, y del proceso de inversión, enfatizando cómo Dios premia a los obreros emprendedores y avispados.

Por encima de todo...

Hay un elemento para el éxito que no se tiene en cuenta en libros de emprendimiento con un enfoque puramente materialista: Dios.

Conozco a Dios y le he visto obrando poderosamente en negocios con entornos muy hostiles. Si bien debemos buscar la sabiduría y la prudencia a la hora de investigar, invertir, o asociarnos, hay ocasiones en las que somos forzados por la economía, la sociedad, la política, o nuestras limitaciones y nos encontramos imposibilitados para salir adelante.

Cuando la cruda realidad nos golpea

Hay dos escenarios posibles en este sentido.

Escenario A: Hiciste toda tu investigación, e inversión y comenzaste tu negocio. Un evento inesperado da al traste con todo lo que planificaste y calculaste. Eso ocurre, y no es poco común. Una nueva legislación del gobierno, un evento meteorológico, un robo violento cerca de la comunidad, o simplemente una situación de insalubridad repentina afectan a tu negocio, a tus bienes, o la afluencia de clientes.

Escenario B: Estás encadenado a una ubicación específica. Sea por cuestiones geográficas, económicas, o las que sean. La localidad donde te encuentras forzado a desarrollar tu negocio no es la ideal por muchas razones y el prospecto hacia el futuro no es el mejor. Pero no te puedes ir.

Solución ante lo imposible

En cualquiera de las dos situaciones la solución es la misma. Mis habilidades son limitadas y debo esforzarme hasta donde lleguen mis fuerzas, hasta donde pueda. Pero donde mis fuerzas se acaban, mi conocimiento es insuficiente, y mis circunstancias me sobrepasan, puedo pedir a Dios que despliegue su mano poderosa.

> "Para los hombres es imposible, mas para Dios, no; porque todas las cosas son posibles para Dios" (Marcos 10:27)

En la Biblia, Isaac experimentó una situación similar. Era pastor de ovejas y para su negocio necesitaba abundantes aguas. En el área donde estaba desarrollando su negocio no abundaba el agua y sin ella sus ovejas morirían. Isaac, recién había sido expulsado de la tierra donde había prosperado y llegó a otro lugar donde esperó establecerse. Curiosamente, allí era donde Dios había determinado donde debía estar. Dios tenía un plan.

Rápidamente, Isaac comenzó su búsqueda de agua y la encontró contra toda probabilidad. Pero algunos los negocios locales decidieron, por la fuerza, apropiarse del recién descubierto manantial. E Isaac tuvo que irse. Nuevamente se esforzó, sin tecnologías ni conocimientos hidráulicos comenzó a cavar esperando encontrar agua, y la encontró, pero hubo también conflictos con los vecinos por ese pozo y nuevamente tuvo que cederlo. Una tercera vez Isaac se fue con las manos vacías y un futuro terrible para su negocio. Se sacudió el polvo y nuevamente comenzó a cavar, sorprendentemente, también aquí brotó el agua y sus vecinos ya no le molestaron.

Isaac le puso un nombre a aquel pozo: "*Rehoboot*", significa prosperidad o lugar espacioso en español (Génesis 26:12-21) y reconoció que Dios le había ayudado diciendo: "Porque ahora Jehová nos ha prosperado, y fructificaremos en la tierra".

El factor espiritual, o sobrenatural de los negocios no debe dejarse de lado. Algunos elementos que nos acercan tremendamente al reino sobrenatural de Dios son:

- Encomendar nuestro negocio a Dios cada día, en cada etapa.

- Estudiar y conocer los misterios y enseñanzas de la Palabra de Dios junto una buena comunidad de creyentes.
- Diezmar fielmente el 10 % de nuestras ganancias a una iglesia de buena doctrina y temerosa de Dios y que viva en santidad, y ayudar con misericordia a los más necesitados.
- El reconocimiento de nuestras incapacidades.
- El arrepentimiento por la maldad de nuestros corazones y acciones.
- El deleite en la majestad y poder de Dios.
- El acercarnos solo a Dios, solo mediante Jesús.

Sé de taxistas, agricultores, médicos, choferes, ingenieros, policías, y muchas otras profesiones quienes se han acercado a mí contándome historias increíbles de cómo el poder de Dios interviene frecuentemente en sus vidas y negocios, para protección, para prosperidad, para estabilidad.

Recuerdo aquel ingeniero que debía presentar un proyecto antes del amanecer. Las largas jornadas de reuniones y planificación hicieron mella en su cuerpo. Su mente estaba en blanco. En su escritorio estaban todos los elementos necesarios para redactar el proyecto. Los números estaban allí, todos los datos, y los elementos solicitados. Pero la mente no ponía de su parte. Luego de largas horas, el documento seguía en blanco. Sabía que ese proyecto sería un impulso importante para su carrera. Extenuado, bajó la cabeza y clamó a Dios. Entonces quedó dormido, un poco después despertó y en su mente había una idea.

Comenzó a escribir, y a calcular, y a proyectar, y a ajustar los datos y el lápiz parecía escribir por sí solo y el proyecto estaba listo en la mañana. "Hace 30 años de eso, hasta el sol de hoy sé que ese proyecto no lo hice yo, era ateo, pero las ideas que venían a mi mente no eran mías, nunca podrían ser mías. Ese día sentí que Dios me ayudó. Aquella madrugada, mi carrera fue impulsada y esa noche fue decisiva. Sé que fue Dios".

En la mesa de operaciones, el cirujano, con mano firme hacía su trabajo. Entonces se fue la electricidad, las máquinas se apagaron, y no encendieron. Por 5 minutos todo era oscuridad, caos. Una pequeña interrupción del complejo procedimiento ya arruinaría la cirugía ¡Cuánto más 5 minutos completos! El cirujano mantuvo sus manos trabajando todo el tiempo, a ciegas, la idea era proteger al paciente en ese momento crucial. Ya era imposible que la operación fuera un éxito, pero al menos se salvaría al paciente.

Entonces regresó la electricidad y los equipos volvieron a funcionar. Un clamor desesperado salió de la boca del veterano médico: "Dios mío ayúdame y permite que la cirugía continúe y el paciente salga bien". En el caos de la interrupción, al regresar los equipos en funcionamiento ya no se podía seguir.

El médico, casi sin visibilidad por la sangre derramada trabajó un poco más y comprendió que nada más podría hacer, suturó y volvió a orar. "Dios, hice todo lo que pude, haz Tú lo que yo no puedo", y dijo a la enfermera, "mañana veremos cómo quedó todo, hay que esperar a que la herida se desinflame".

Al otro día, el paciente estaba bien, todos los indicadores eran positivos, la operación fue un éxito. Hoy dos años después, el médico me dice, "eso, eso fue un milagro de Dios".

A veces la intervención de Dios es evidentemente brusca, sobrenatural, vistosa, rimbombante. Otras veces es providencial, silenciosa, sutil, invisible. Pero en todos los casos el resultado es el mismo quienes le buscan terminan diciendo: "yo creía que no era posible, pero Dios me ha prosperado y fructificaré en este negocio".

> "Pero sin fe es imposible agradar a Dios;
> porque es necesario que el que se acerca a

Dios crea que le hay, y que es galardonador
de los que le buscan" (Hebreos 11:6).

Actividad Práctica

1. ¿Cuánto calculas que te costará la inversión inicial en este negocio? Anota a continuación los gastos principales que tendrás.

Recurso	Costo

2. ¿Has pensado en añadir a un asociado para tu negocio? En la tabla a continuación, pon tu nombre primero, y el de tu asociado después, luego llena los datos según se te pide.

Nombre del asociado	Características útiles para el negocio	Porciento de inversión que aportará	Área en que trabajará

II: Estableciendo los principios

La visión, misión, y propósito de muchos negocios es simplemente ganar más dinero. Por lo que eventualmente se corrompen y dejan de ser agradables tanto para el cliente como para su dueño y trabajadores.

La Biblia dice que "raíz de todos los males es el amor al dinero, el cual codiciando algunos, se extraviaron de la fe y fueron atormentados con muchos dolores" (Santiago 6:10). Note que no dice que el dinero sea la raíz de todos los males, sino el "amor al dinero".

No es este el lugar para expandirme explicando el mal que puede provocar al corazón el amor al dinero. Sin embargo, no quiero que pasemos por alto que trabajar por solo dinero es una necedad. El dinero en sí mismo no garantiza nuestra satisfacción.

En realidad, nuestra satisfacción está dada por un trabajo bien realizado, por el agradecimiento en el rostro de nuestros clientes, y por la utilidad del servicio que estamos prestando. Si además de esta satisfacción que he mencionado, se añade la satisfacción de que nos paguen por ello, entonces somos doblemente bendecidos.

La Biblia dice:

> "He aquí, pues, el bien que he visto: que lo bueno es comer y beber, y gozar de los frutos de todo el trabajo con que uno se fatiga debajo del sol todos los días de la vida que Dios le ha dado, porque esa es su recompensa. Asimismo, a todo hombre a quien Dios da bienes y riquezas, le da también facultad para que coma de ellas, tome su parte y goce de su trabajo. Esto es don de Dios"

> Eclesiastés 5:18.

No es, como piensan algunos, que sea malo ser próspero y tener ganancias, en la misma Biblia vemos numerosas promesas de prosperidad, sin embargo, ninguna de ellas es echa al avaro, todas son para el hombre temeroso de Dios y trabajador, el que ama a su prójimo y aborrece la las estafas.

"El alma del perezoso desea, y nada alcanza; Mas el alma de los diligentes será prosperada"	Proverbios 13:4
"El peso falso es abominación a Jehová; Mas la pesa cabal le agrada".	Proverbios 11:1
"El alma generosa será prosperada; Y el que saciare, él también será saciado".	Proverbios 11:25
"El que confía en sus riquezas caerá; Mas los justos reverdecerán como ramas".	Proverbios 11:28
"Las riquezas de vanidad disminuirán; Pero el que recoge con mano laboriosa las aumenta".	Proverbios 13:11
"Riquezas, honra y vida Son la remuneración de la humildad y del temor de Jehová".	Proverbios 22:4
"Tesoro precioso y aceite hay en la casa del sabio; Mas el hombre insensato todo lo disipa".	Proverbios 21:20

Es por esa razón que un empresario sensato comenzará su negocio teniendo bien claro qué desea lograr, y qué le dará la satisfacción primaria.

Para ello establecerá visión, misión, y propósitos del negocio o empresa que comenzará.

Visión, Misión, Propósito

Visión

La **Visión** es lo que se sueña y es prácticamente inalcanzable e imposible de lograr. Este sueño es lo que nos permite seguir avanzando una vez que alcanzamos logros y metas maravillosas. El sueño es lo que nos permite seguir perfeccionándonos y siendo cada vez mejores. La visión, o sueño, no nos deja achantarnos, ni acomodarnos, ni confiarnos, la visión *es un reto constante* que, aunque es prácticamente inalcanzable, el solo hecho de acercarnos cada vez a ella más nos da una increíble satisfacción. La visión es nuestra pasión, el anhelo imposible de nuestras almas.

Una visión es algo que hemos visto en nuestra imaginación y que hemos soñado como el ideal perfecto de nuestro negocio. Probablemente sea imposible hacerla realidad con el capital y los recursos y medios que tenemos, pero podemos acercarnos cada vez más a ella.

La visión es única, quizás alguien nos dio un "pie forzado", pero poco a poco fuimos añadiéndole nuestra sazón, nuestros ingredientes, y lo que ahora soñamos *es único en su diseño, forma, estructura, y propósito.*

Un ejemplo muy general de una visión sería: "Proveer la mejor pizza a domicilio de la Ciudad". Aunque la frase es abstracta y nada específica, sin dudas significa mucho más para el soñador, su sueño incluye cadenas de puntos de ventas en cada reparto, con centros de transportación que llevan el producto en pocos minutos, una gran marca y uniforme para todos los empleados, servicios preferenciales para clientes VIP, chefs especializados creando nuevas recetas únicas y exóticas cada 6 meses y con productos únicamente nacionales, pizzas con formas conmemorativas, ofrecer más de 20 tipos de pizzas y más de 15 tamaños diferentes, precios que varíen desde lo económico hasta el realmente muy caro con pizzas exclusivas para eventos especiales, etc.

La imprecisión de la visión es necesaria, para que sea abstracta adaptable, inalcanzable pero firme. La visión nos muestra el rumbo, pero no cómo llegaremos. Su imprecisión es insuficiente para enfocarnos puntualmente en lo que debemos hacer y permitirnos llegar. El soñador, entonces, será más preciso en la misión.

Misión

La **Misión** es lo que quiero lograr específicamente. Por ejemplo, "llevar a mi ciudad un servicio de calidad, diferente, único, orientado hacia la comida italiana".

La visión sin misión es una teoría irrealizable, un sueño idílico que vuela alto, pero nunca aterriza. La misión *materializa a la visión dándole un propósito específico y genérico.* Cuando solo tenemos una visión podemos idear un paraíso terrenal. Un paraíso terrenal, sin misión llega a ser aburrido y obstinante. La misión es el "para", es el "qué", es el "cuando", es el "dónde". La misión *pone un objetivo en tiempo y espacio* para ese sueño, dándole utilidad a una utopía.

La misión también *es un delimitador*. Yo no solo tengo un sueño, una visión, también tengo una misión que cumplir con ese sueño y esa visión. La misión me permite enfocarme y concentrarme en lo que me satisfará mientras rechazo todo lo que pueda sacarme de mis objetivos genéricos.

Los negocios exitosos y admirados son los negocios enfocados. Los dueños que toman cualquier derrotero por el solo hecho de ser rentables, terminan desenfocados y, al lograr muchas cosas, terminan logrando ninguna, siendo uno más del montón. La excelencia es enemiga de la conformidad y de la mediocridad y de la avaricia. Cuando nos enfocamos en muchas tareas ninguna la hacemos con excelencia, y terminamos siendo corrientes.

Si quieres llegar a realizar tu sueño, necesitas establecer tu misión, y sus límites. Necesitas depurar las propuestas que recibas para ver si entran dentro de los límites que estableciste, para ver si te desvían de tu objetivo, o si contribuyen a hacer de tu negocio, tu lugar soñado, tu lugar excelente.

Por ejemplo, mi negocio comienza a prosperar y a avanzar, pero una situación imprevista hace disminuir las ventas. Entonces llega alguien con una buena propuesta, invertirá una suma considerable de dinero si además de vender pizas, vendemos tacos mexicanos. Estos tacos, a no necesitan muchos ingredientes, y son bastante comunes en la ciudad y además tienen gran venta. Estás valorando si aceptar o no la oferta, parece tentadora y puede significar una entrada económica fuerte que ahora se necesita tanto.

Entonces recuerdas la visión:

> Proveer la mejor pizza a domicilio de la Ciudad

Y la misión:

> llevar a mi ciudad un servicio de calidad, diferente, único, orientado hacia la comida italiana.

Al observar la propuesta a la luz de la visión y de la misión te das cuenta que es un desvío a tu sueño, a tu misión. No es italiano, no es de calidad, no es único, no es diferente. Quizás genere dinero, pero desviará recursos del proyecto original. Cuando se plantean bien la visión y propósitos de negocio a emprender, cualquier desvío por leve que sea, resulta fatal para el éxito de la visión. Los desvíos crean nuevas cadenas logísticas, nuevos compromisos, nuevas clientelas, nuevas perspectivas, nuevos enfoques. A mirar atrás, después de un pequeño desvío lo hacemos con la tristeza de nunca más poder regresar.

Propósito

El **Propósito** es *¿para qué quiero lograrlo?* (Los propósitos pueden ser variados). Por ejemplo, podríamos tener como propósito, lograr que los clientes siempre queden satisfechos con nuestro servicio, o que nuestro servicio sea el menú favorito de los estudiantes universitarios, profesionales, y familias, o que nuestra marca sea sinónimo de amor y compromiso.

Si la misión me dice el "qué" el propósito me dice el "para qué" es el resultado expresado en palabras antes de lograrlo. A veces trabajamos fervientes en nuestro negocio, a veces no nos salimos de nuestra misión y estamos muy enfocados en lo que hacemos, pero notamos que aun así nuestros clientes no están satisfechos y el negocio no prospera tanto como debiera. Es que estamos tan enfocados en el sueño que queremos alcanzar y en el cómo, que nos olvidamos del cliente, del prójimo. Todo lo que hacemos, lo hacemos para servir, para lograr una satisfacción en el cliente y ese debe ser nuestro filtro final.

Nuestros clientes, vecinos, comunidad, sociedad, nación deben ser los beneficiarios definitivos de nuestro negocio. Los negocios exitosos son los que han tenido su enfoque principal en proveer a una necesidad de la sociedad. Sea el Facebook, o Apple, sea Tesla, o Nissan, sea CocaCola o MacDonals, todos tienen en mente satisfacer una necesidad de la sociedad que les rodea, y al hacerlo con excelencia se convierten en una de las preferencias de la misma sociedad.

La visión, la misión, y propósito son esenciales e imprescindibles, ninguna puede faltar en nuestro negocio. Si faltara una, entonces el negocio no funcionaría bien.

Estudios de gerencia empresarial demuestran que todos los negocios exitosos tienen claramente establecidos su visión, misión, y propósito. Muchos empresarios reúnen a sus obreros y líderes para recordarles cada mañana, antes de comenzar a trabajar, cuál es la visión, misión, y propósito de la empresa en que trabajan. Incluso los menos metódicos, si han tenido éxito, es porque tienen sus principios claramente establecidos, de modo que no se desvían ni a derecha ni a izquierda.

Estas directrices nos mantendrán enfocados durante la realización de nuestro sueño. Es normal que una vez que zarpemos se nos acerquen muchos otros con ideas interesantes y prometedoras. Sin embargo, es esencial mantenernos enfocados para llegar a nuestro destino.

Recuerde, el barco que pone rumbo hacia donde sopla el viento, no llega a destino alguno. El buen capitán mantiene puesta la mirada en el horizonte, allá donde no se ve la tierra, allá a donde le guían las estrellas, allá donde está su sueño. No importará que le viento sople en contra, o que la tormenta arrecie en el camino y le desvíe de su rumbo, el buen capitán se mantendrá enfocado en medio de la confusión y retomará el camino hasta tocar con sus pies el puerto que no ve con sus ojos pero sí con su corazón.

> "El hombre de doble ánimo es inconstante en todos sus caminos" (Santiago 1:8).

> "Donde no hay visión, el pueblo se desenfrena" (Proverbios 29:18 LBLA).

Es importante que, a la hora de redactar nuestra visión, misión, y propósitos, seamos suficientemente abarcadores para dejar margen a la creatividad y la innovación. No queremos un proyecto tan cerrado que sea incapaz de adaptarse o renovarse a sí mismo.

También es importante hacer chequeos frecuentes de nuestra ruta con relación a nuestra visión-misión-propósitos. Y realizar las correcciones necesarias eliminando todo lo que nos aleje de nuestro objetivo primario y dando más prioridad a todo lo que nos ayude a alcanzarlo.

Recuerda que estos principios son como la constitución de tu pequeño negocio, el faro estable en la oscuridad de la confusión del mundo exterior.

Debes meditar mucho antes de dar por terminada la redacción de estos tres principios que regirán tu negocio, y en el futuro, evitarás cambiarlos o transformarlos demasiado.

Actividad Práctica

1. Teniendo en cuenta tus habilidades y anhelos de toda la vida, ¿qué es lo que siempre has querido hacer o lograr, o que la gente tuviera a tu alrededor?
    a. ¿Cómo puedes contribuir a que ese sueño se haga realidad?
    b. Si tuvieras que escribirlo con palabras, ¿qué dirías?
2. En nuestro interior más profundo rechazamos la noción de haber nacido para nada y por nada, y creemos que nuestra existencia sobre la tierra tiene un propósito y sentido. Creemos que no somos el resultado del caos o la casualidad.
    a. ¿Qué necesidades ves a tu alrededor que te sientes inclinado a satisfacer de algún modo?
    b. ¿En qué encuentras más placer cuando haces alguna labor? ¿En qué eres particularmente bueno?
    c. Si tuvieras que escribirla con palabras, ¿cuál crees que es tu misión sobre la tierra?
3. A partir de las anotaciones del libro, escribe tu:
    a. Visión:
    b. Misión:
    c. Propósitos:

Estableciendo las Metas

Las metas son el objetivo alcanzable. Imagine una maratón, cuando corremos largas distancias, generalmente, nos ponemos metas parciales para lograr una meta final, "tengo que llegar al pino aquel", cuando llegamos al pino nos decimos, "llegaré hasta la casa azul", y luego hasta "la punta de la loma", así nos ponemos metas parciales que poco a poco nos permitirán medir nuestro avance y nos acercarán a la meta final.

En los negocios haremos igual. Estableceremos un grupo de categorías o metas parciales las que, a su vez, tendrán submetas. La meta final será la que dé fin al período de trabajo que hemos proclamado y deberá celebrarse su llegada junto con todos los involucrados a modo de premio y recompensa por el esfuerzo realizado.

- Cada una de estas metas parciales deberá tener un límite de tiempo para ser lograda.
- Cada una de estas metas parciales tendrá un grupo de objetivos a ser alcanzados o submetas.

Al tener definidas nuestras metas parciales y el tiempo que dedicaremos a ellas, minimizaremos el tiempo perdido y organizaremos nuestra agenda de trabajo.

Además, lograremos percibir el avance real de nuestro proyecto al poder ir tachando de nuestra pizarra los objetivos logrados en la submeta, y a categoría vencidas y, eventualmente, la meta final.

Las metas pueden representarse gráficamente como una escalera. Cada escalón representará una meta parcial a alcanzar, y el período de tiempo asignado para ella, dentro del escalón se anotarán las diferentes submetas a alcanzar en esa meta parcial.

Al preparar la escalera debemos anotar primeramente las metas parciales que se ajusten a las necesidades del plan de trabajo (ej. preparación, contratación, aspectos legales), y asignar a cada una un escalón específico en el orden más adecuado a nuestras necesidades, intereses, y posibilidades.

Luego, a cada escalón se le asignarán las submetas de esa meta parcial, y anotaremos el tiempo que estimamos necesario para completarla.

Una vez vencida cada meta parcial, podemos avanzar hacia la siguiente. Este sistema de organigrama nos permite planificar y medir nuestro avance en tiempo. Puede utilizarse, también, una leyenda de colores según la asignación de labores a asignar a las diferentes personas involucradas.

Según se vaya acercando la fecha límite para la categoría podemos ir verificando y apresurando las submetas que nos quedan atrasadas a fin de cumplir los plazos de tiempo establecidos.

Se deben establecer los plazos sobre una base realista, todos conocemos las dificultades que pueden darse para lograr algunas tareas. La idea no es poner fechas que nos hagan correr y apresurarnos, sino fechas que nos impidan remolonear y acomodarnos.

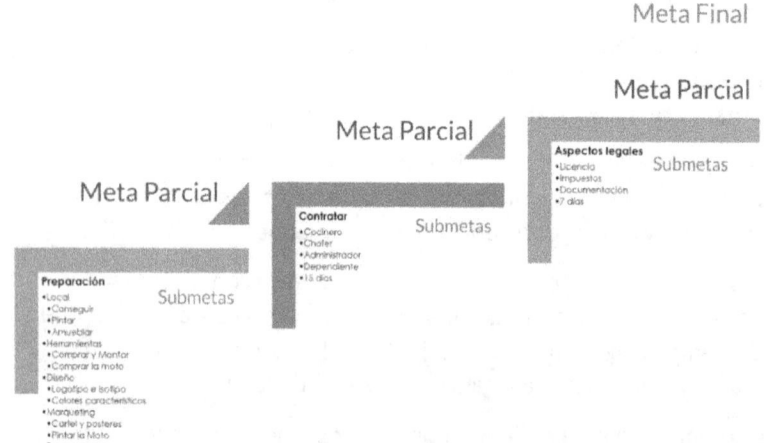

Actividad Práctica

1. En una hoja aparte, haz una escalera de metas con las principales metas parciales de trabajo que necesitas cubrir para lanzar tu negocio.

    a. Da un rango de tiempo determinado a cada meta parcial según lo necesite, y anota las submetas específicas para cada una.

    b. Además, si vas a compartimentar labores, utiliza colores diferentes para resaltar la responsabilidad de las diferentes personas.

    c. Luego, cuelga el diagrama en un lugar visible y comienza a monitorear el avance según va avanzando el tiempo.

III. ¿Cómo empezar con pocos recursos?

Marcos es un joven de unos veintitantos años, lleno de sueños y anhelos en su vida, ha estado involucrado en el negocio de las maquinarias que trabajan el plástico. Mientras trabajaba se fijaba en los detalles del proceso de fundición, y fabricación con este derivado del petróleo. En su casa, a solas, ha diseñado algunos moldes interesantes que por su utilidad podrían darle una gran ventaja ante la competencia. Además, ha descubierto modos de incrementar la eficiencia de la productividad. Mantiene en secreto sus dibujos y sus descubrimientos, ya hace un año que está reuniendo dinero para comprarse su propia máquina fundidora de plástico, pero un evento tras otro, han dado al traste con sus sueños.

Primero su mamá enfermó y Marcos tuvo que tomar dinero de sus ahorros. Luego pasó el huracán Irma, y parte del precario techo de zinc voló por los aires dejando al descubierto los muebles de la sala, tuvo que tomar dinero nuevamente. Por más que se esfuerza, un problema llama a otro y los precios de las máquinas de plástico siguen subiendo mientras sus ahorros en lugar de crecer, decrecen. El desánimo le invade, el futuro se aleja.

La situación de Marcos es la de muchos aspirantes a emprendedores en la actualidad. Para comenzar un negocio es importante contar con capital o dinero que invertir. La idea es multiplicar el dinero al añadirlo nuestro trabajo, esfuerzo y sudor. Mientras más dinero pongamos en nuestro esfuerzo y sudor, mayores serán la ganancia y beneficios que obtendremos.

Muchas veces, a la hora de invertir en su negocio soñado, tenemos familiares o amigos que, por una razón u otra, pueden ayudarnos a dar ese primer salto de fe. Algunos jóvenes reciben un buen empujón de sus padres, y otros piden préstamos de algún tipo. Pero ese no es siempre el caso.

¿Qué hacer? Si bien es bueno tener sueños ambiciosos en cuanto a alcance y utilidad, es más importante ser capaces de aterrizarlos a la realidad y recursos con que contamos. El emprendedor que cuenta con pocos recursos, debe ser capaz de visualizar esa visión en su *mínima versión reducible*, o en su *expresión más esencial y básica*.

Esta *expresión más esencial* de la visión viene a ser como la zapata y fundamento de un edificio. Todavía no es la visión, todavía, pero tiene su forma, sabemos que, haciendo esto, nos estamos acercando a aquello.

Una amiga me contó que su sueño era hacer una peluquería y que en su barrio no había ninguna disponible ahora, así que las mujeres tenían que viajar a otro distrito para recibir un servicio de calidad. Sin embargo, cuando le animé a comenzar su negocio me dijo con tristeza que era imposible: para comenzar el negocio que ella quería necesitaba al menos 2500 dólares, y apenas tenía 20.

Mi amiga sabía lo que hablaba, había hecho su tarea. Poco a poco me fue detallando el costo de todas las herramientas y materiales que necesitaba para ofrecer los servicios de calidad que soñaba. Efectivamente, los números no cuadraban, 20 contra 2500 era una diferencia abismal.

¿Cómo lograrlo? ¿Puede lograrse?

Las declaraciones de visión-misión-propósito...metas no solo sirven para hacernos mirar más allá hacia las nubes de nuestros sueños, también nos sirven para hacer aterrizar nuestra imaginación.

Muchos grandes negocios del mundo comenzaron con poquísimos recursos, Apple, Yahoo!, Facebook, y Google comenzaron con pocos o ningunos recursos y hoy son empresas que se valoran en los miles de millones de dólares.

La clave para comenzar un negocio grande se encuentra en las palabras "simplificación" y "expansión". ¿Cuán simple puede ser tu negocio? ¿Cuán básico puede llegar a ser el concepto de tu negocio? No importa cómo lo mires, lo complejo puede simplificarse, lo inmenso puede minimizarse.

En el caso que ponemos de las pizzas. Obviamente, la visión es "proveer la mejor pizza a domicilio de la ciudad". Quizás tengamos pocos recursos para empezar, no podemos comprar una moto para llegar a toda la ciudad, ni un horno con capacidad para 100 pizzas a la vez para atender múltiples pedidos con rapidez, ni una gran nevera para almacenar grandes cantidades de queso. Sin embargo, nadie dijo que deberíamos alcanzar a toda la ciudad de una vez, ese es el sueño que queremos lograr, pero no tiene que lograrse en una semana, puede tomar años.

La mejor pizza de la ciudad puede comenzar siendo la mejor pizza a domicilio de mi localidad. Ello implica que puedo comenzar haciendo los repartos a pie, con uno de los miembros de mi familia, cocinando en el horno de mi cocina porque no tendré tantos pedidos, y almacenando el queso en mi refrigerador en pocas cantidades.

Como mis herramientas no serán tan buenas tendré que trabajar más para obtener más ganancia, en lugar de una tirada de pizzas de 10, tendré que hacer 5 tiradas de a 2, porque mi pequeño horno no tiene capacidad para más.

Quizás mis pizzas no tengan los mejores ingredientes de la ciudad, pero pueden tener los mejores ingredientes de mi localidad y el mejor sabor también.

Es Un Proceso, No Un Evento

Eventualmente, si hago correctamente mi tarea, mis pizzas comenzarán a tener demandas, tendré que contratar a un asistente que me ayude en el horno, a otro repartidor. Poco a poco las ganancias se acumularán, pero como tengo puesta la vista en alcanzar a toda la ciudad, todavía no voy a tirar la casa por la ventana celebrando, mi negocio no hace más que empezar. Con el primer dinerito, compro un horno, más adelante un congelador, después arreglo la cocina para tener más espacio.

Ya a estas alturas quizás estoy alcanzando a dos localidades completas y mis ganancias son mejores, pero mi sueño no son solo dos localidades, sino toda la ciudad. Como ahora puedo, haciendo un esfuerzo, compro una camioneta y la pinto con los colores de mi cafetería, para que el público la identifique.

Poco a poco mi negocio se va a expandiendo y mi sueño está cada vez más cerca. Tengo más trabajadores, bendigo a más familias con un salario, alcanzo a más personas con, ahora sí, mi fabulosa pizza.

La clave, de nuevo es: ¿cuán simple puede ser tu negocio y ser todavía tu sueño? ¿Cuán básica puede ser la idea? ¿Qué puedes quitar de tu negocio sin que pierda su esencia? Una vez que lo simplificas, entonces puedes agregarle, poco a poco, paso a paso, centavo a centavo, las ideas que una vez quitaste (porque no eran esenciales para su existencia, para su funcionamiento) e ir extendiendo y expandiendo la idea básica. A medida que transcurra el tiempo, te darás cuenta de que tu sueño está cada vez más cerca y estás cada vez más lejos de los 20 dólares del comienzo.

De nuevo, la clave es "simplificación" y "expansión".

La expansión requiere mucho más trabajo y esfuerzo que la simplificación o inicio básico de un negocio. Aunque en la expansión contamos con más recursos, también contamos con más elementos distractores, con más responsabilidades, con más problemas, más trabajadores, más conflictos potenciales.

Sin embargo, como DaVinci, o Beethoven, cualquier artista, sonreímos al ver la obra que hemos creado, disfrutamos el agradecimiento de un cliente, nos gozamos con los obreros satisfechos.

Actividad Práctica

1. Toma un tiempo para meditar en tu visión, misión, y propósitos, luego señala los aspectos de tu sueño que son prescindibles y que puedes eliminar, manteniendo aún la esencia del concepto del negocio que soñaste.

    Luego:

    a. Bosqueja una versión minimalista de tu negocio, pero que aún tenga el potencial de convertirse en el sueño o visión que añoras.

    b. Bosqueja la etapa dos de tu negocio, la que abordarás después de haber logrado la primera etapa minimalista.

    c. Bosqueja la etapa tres...

    d. Estate dispuesto a reescribirlo todo, recuerda, nada está escrito en piedra y todo puede cambiarse (menos la visión, misión, y propósitos), rectificar es de sabios. Sigue intentándolo hasta acomodar una versión minimalista que se acomode a tu presupuesto.

Conclusión y Consejos Finales

Seguir cada una de las recomendaciones de este libro puede ahorrarte dinero, tiempo, esfuerzos, y quebraderos de cabeza e ilusiones. Es por eso que te animo a que revises a cada rato las notas de este pequeño manual. Atrévete a responder las preguntas al final de cada sección, y sobre todo, incorpora los elementos que aprendes aquí a tu negocio y, por supuesto, a tu vida.

Cada negocio que emprendemos es un proyecto, pero nuestro mayor negocio es vivir, y vivir bien. La vida es el mayor proyecto que emprenderemos jamás. En ella debemos tomar decisiones y aprovechar nuestros dones, invertir nuestros esfuerzos y tiempo, y guiarnos a partir de principios que pueden destruirla o afirmarla. Quien no tenga metas en su proyecto de vida, notará, con el tiempo, que avanza poco, o da vueltas en círculos, repitiendo los mismos éxitos y errores una y otra vez, sin nunca superarse en realidad y lograr nuevos propósitos. Al igual que un negocio, nuestras vidas no dependen tanto del dinero, como de nuestro aprovechamiento de las oportunidades, y de nuestras capacidades con madurez.

Los principios que he compartido contigo en este libro son fundamentalmente prácticos, pero también (no sé si lo notaste) tienen un fundamento en la Biblia. La Palabra eterna de Dios, el mayor *bestseller* de la historia, el libro de la revelación de la sabiduría y el consejo de Dios me ha inspirado y guiado para descubrir, implementar, y disfrutar estos principios divinos y prácticos.

En todas las etapas de un negocio es necesario tener sabiduría, en unas más, en otras menos, pero la sabiduría es esencial. Y no hablo de inteligencia para sacar cuentas, sino de sabiduría, esa inteligencia práctica y tierna que ayuda a todos, y saca lo mejor de cada situación, de cada problema. Es la inteligencia que resuelve, que piensa en todos, y tiene en cuenta todos los ángulos. Es la inteligencia olvidada en el mundo de los negocios.

Es recomendable, entonces, que todo empresario tenga sabiduría para resolver los problemas que se le presentarán. ¿Y si no tiene?

¿Renuncia? No es necesario, puede ir a la fuente de toda la sabiduría: Dios.

> "Y si alguno de vosotros tiene falta de sabiduría, pídala a Dios, el cual da a todos abundantemente y sin reproche, y le será dada." (Santiago 1:5)

Igualmente serán necesarias la paciencia para lidiar con la adversidad, la bondad para enfrentar la tentación al mal, la fe para dar saltos arriesgados, la mansedumbre para dar respuestas de paz en lugar de respuestas de ira, la templanza para resistir los embates constantes de la adversidad, y sobre todo el amor, que es quien nos lleva más allá del límite de nuestras fuerzas. El odio nos anima, la avaricia nos empuja, la codicia nos estimula, pero todos nos consumen (Carta a los Gálatas 5:19-23); el amor, sin embargo, nos lleva más allá del límite sin consumirnos, como la llama de Moisés en Sinaí (Éxodo 3:2), Dios nos abrasa con su amor, y ardiendo en fuego que no consume, entonces iluminamos y maravillamos a todos.

Sin embargo, la buena conducta y los principios morales del carácter están hoy en extinción, son frutos exóticos, frutos que solo crecen en el árbol del Espíritu de Dios disponible para nosotros mediante Jesucristo.

Como ya se dijo anteriormente, la felicidad no está en el éxito empresarial y económico solamente. La felicidad es un conjunto de valores que escapan de muchas personas profesionalmente victoriosas. El verdadero éxito empresarial empieza desde nuestro interior, desde el dominio de nuestra alma, pasando por el de nuestra familia, y extendiéndose hacia la comunidad. Pero somos torpes, seducidos, emocionales, ignorantes, y mucho más. ¿quién nos podrá librar de este cuerpo de muerte? Solo Cristo Jesús, venció y vence a nuestra tendencia humana a destrozarlo todo. Solo Jesús es capaz de dar una vida abundante y llena de gozo una vez que reconocemos que le necesitamos a Él.

Aquel que quiera manejar su negocio en paz, prosperar en armonía, ser bendición en lugar de maldición, deberá rendir su vida a Cristo.

Solo así podrá disfrutar plenamente de la promesa del libro de Eclesiastés:

"He aquí, pues, el bien que he visto: que lo bueno es comer y beber, y gozar de los frutos de todo el trabajo con que uno se fatiga debajo del sol todos los días de la vida que Dios le ha dado, porque esa es su recompensa. Asimismo, a todo hombre a quien Dios da bienes y riquezas, le da también facultad para que coma de ellas, tome su parte y goce de su trabajo. Esto es don de Dios"

Eclesiastés 5:18.

Actividad Práctica

1. Vuelve a leer los pasajes de la Biblia que transcribimos en este libro (nota los anexos al final del libro), si tienes una Biblia, léelos directamente de la Biblia y también su contexto (un capítulo antes y otro después del texto citado), trata de comprender lo que dice la Palabra de Dios en ese pasaje.

2. Toma un tiempo para orar solo a Dios solo en el nombre de Jesús, pídele sabiduría para comenzar este negocio. Es una nueva etapa de tu vida y hay mucho en riesgo (no solo el dinero que invertirá, sino tus esperanzas, ilusiones, y tiempo).

3. Si nunca has entregado tu vida al cuidado y dirección de Dios, esta es una buena oportunidad para regresar a los brazos de tu Padre Celestial y pedirle perdón por tus pecados. Aprovecha para comprometerte a servirle, agradarle, y buscarle de todos los modos posibles.

   a. Busca cerca de tu casa una iglesia evangélica temerosa de Dios donde enseñen con sabiduría la Palabra y el poder de Dios. Comienza a visitarla para aprender más de Dios y de las promesas y bendiciones que quiere derramar sobre tu vida.

4. Si eres cristiano, toma un tiempo para meditar en la Palabra de Dios, aprópiate de algunas de las enseñanzas y promesas de la Biblia y pide a Dios ser librado de las tentaciones y del devorador.

   a. Observa tus relaciones interpersonales con tus compañeros de trabajo, ve si hay tensiones o disputas o heridas que hayas provocado a tu prójimo. Pide a Dios que te perdone por tus malas conductas, y pide también que te dé amor por las personas a quienes has herido o a quienes no has sabido tratar. Habla con la persona a quien has herido y pídele perdón comprometiéndote a buscar un modo de deshacer el daño causado y de evitar volver a provocar ese malestar.

b. Toma nota de las maravillas que Dios obra en tu negocio.

    i. Da gloria a Dios en la intimidad de la oración.

    ii. Testifica a otros de las maravillas que Dios hace en tu negocio y en tu vida.

c. Dedica parte de tus ganancias a bendecir a los más necesitados, recuerda que Dios tiene cuidado del pobre y necesitado, y si te ha prosperado a ti, es para que de tu bendición, bendigas a otros (Levítico 19:9-10). No olvides diezmar (Mal 3:10) hay promesa en ello.

5. En caso de que anheles sabiduría, seas cristiano o no, debes hacer dos cosas:

a. Ora y pide a Dios sabiduría, Él es misericordioso y te dará abundantemente. Toma tiempos aparte cada mañana para hablar con Dios, sobre todo. Ante una situación difícil, no tomes decisiones apresuradas, toma un tiempo a solas, pide sabiduría a Dios y te sorprenderás del resultado.

b. Toma tiempo para leer el libro de Eclesiastés y de Proverbios en la Biblia, ambos rebosan de sabiduría y te pueden dar abundantes consejos prácticos.

Glosario

Inversión Inicial: Se refiere a todos los recursos materiales, económicos, y de tiempo que se deposita en el proyecto antes de que comience a funcionar y a generar ingresos.

Ganancia Neta Mensual: Excedente resultante de los ingresos por concepto de venta y/o servicios, menos el costo de producción y venta del producto.

Tiempo para Recuperar Inversión: Tiempo en que se recuperan, por concepto de ganancia, todos los recursos invertidos en el proyecto.

Ingresos Mensuales: Dinero total que se recaudó por concepto de venta o servicios en un mes, sin descontar los costos de venta y producción.

Logística Mensual: Finanzas necesarias para mantener en funcionamiento el proyecto o servicio.

Impuestos Mensuales: Tributo obligatorio que debe pagarse al estado.